BEI GRIN MACHT SICH IHR WISSEN BEZAHLT

- Wir veröffentlichen Ihre Hausarbeit,
  Bachelor- und Masterarbeit

- Ihr eigenes eBook und Buch -
  weltweit in allen wichtigen Shops

- Verdienen Sie an jedem Verkauf

Jetzt bei www.GRIN.com hochladen und kostenlos publizieren

ERP-Systeme und Business-Process-Management. Einführung und Anwendung

Bibliografische Information der Deutschen Nationalbibliothek:

Die Deutsche Nationalbibliothek verzeichnet diese Publikation in der
Deutschen Nationalbibliografie; detaillierte bibliografische Daten sind
im Internet über http://dnb.d-nb.de abrufbar.

ISBN: 9783346841261
Dieses Buch ist auch als E-Book erhältlich.

Druck und Bindung: Books on Demand GmbH, Norderstedt Germany
Gedruckt auf säurefreiem Papier aus verantwortungsvollen Quellen

Das vorliegende Werk wurde sorgfältig erarbeitet. Dennoch
übernehmen Autoren und Verlag für die Richtigkeit von Angaben,
Hinweisen, Links und Ratschlägen sowie eventuelle Druckfehler keine
Haftung.

Das Buch bei GRIN: https://www.grin.com/document/1337335

Einsendeaufgabe Alternative A

abgegeben am 28.02.2023

SRH-Fernhochschule

Modul: „ERP-Systeme – Einführung und Anwendung"

Studiengang: Betriebswirtschaftslehre und Digitalisierung

2

Inhaltsverzeichnis

Abkürzungsverzeichnis 3

Abbildungsverzeichnis... 4

1   Einleitung 5

   1.1   Business Process Management (BPM) 6

   1.2   Business Process Managements Lebenszyklus 7

   1.3   Einführung eines Business Process Managements.. 11

2   Modelle zur Dokumentation von Prozessen.. 13

   2.1   Ereignisgesteuerte Prozesskette (EPK).. 13

   2.2   Erweitere Ereignisgesteuerte Prozesskette (eEPK)...................................... 15

   2.3   Business Process Model and Notation (BPMN)... 17

   2.4   Abgrenzung der Modellierungsansätze.. 19

3   Quote-to-Order Prozess (QTO)... 22

   3.1   CRM-System.. 25

   3.2   Vor- und Nachteile bei Auslagerung von Teilprozessen 28

Literaturverzeichnis 30

Internetquellen... 31

Abkürzungsverzeichnis

BPD	Business Process Design
BPM	Business Process Management
BPMN	Business Process Model and Notation
BPR	Business Process Reengineering
Bsp	Beispiel
Bspw.	beispielsweise
CRM	Customer Relation Management
eEPK	Erweiterte Ereignisgesteuerte Prozesskette
EPK	Ereignisgesteuerte Prozesskette
ERP	Enterprise Ressource Planning
IuK	Informations- und Kommunikationstechnologie
KVP	Kontinuierlicher Verbesserungsprozess
QTO	Quote-to-Order

4

Abbildungsverzeichnis

Abbildung 1: BPM-Lebenszyklus.. 10

Abbildung 2: Nationalelemente von EPKs... 15

Abbildung 3: Modellierungselemente der eEPK... 16

Abbildung 4: BPMN-Notation: Pools und Lanes... 18

Abbildung 5: Basisnotation der BPMN 19

Abbildung 6: Modellierungsmethoden im Vergleich 21

Abbildung 7: eEPK Praxisbeispiel Teil 1 22

Abbildung 8: eEPK Praxisbeispiel Teil 2 23

Abbildung 9: eEPK Praxisbeispiel Teil 3 23

Abbildung 10: eEPK Praxisbeispiel Teil 4 24

Abbildung 11: eEPK Praxisbeispiel Teil 5 24

Abbildung 12: eEPK Praxisbeispiel Teil 6 25

1 Einleitung

Unternehmen werden in der heutigen Zeit im Rahmen der Digitalisierung, mit disruptiven Veränderungen und Konsequenzen wie, Schnelligkeit, Komplexität, Interdisziplinarität und Globalität, konfrontiert.[1] Die Konsequenzen und Auswirkungen von disruptiven Veränderungen können beispielhaft anhand der Unternehmen Kodak und Nokia veranschaulicht werden, die einst den Weltmarkt im Fotosektor und Mobiltelefonmarkt beherrschten, jedoch zu spät auf die Veränderungen am Markt reagierten und schlussendlich mit einem Insolvenzverfahren einbüßen mussten. Damit Unternehmen nicht vor solchen Konsequenzen, wie dies bei Kodak und Nokia der Fall war, stehen, sollte der Fokus auf bestehende Geschäftsmodelle liegen, die es nach einer definierten Zeit, zu hinterfragen und im Rahmen der digitalen Transformation, durch den Einsatz von innovativer Technologien weiterzuentwickeln gilt.[2] Die digitale Transformation, als Folge der Digitalisierung führt im Unternehmen dazu, dass unternehmensinterne und unternehmensübergreifende Geschäftsprozesse, stark beeinflusst werden.[3] Mit der Entstehung der dritten industriellen Revolution, entwickelten sich Informations- und Kommunikationstechnologien (IuK), die ebenfalls die Geschäftsprozesse von Unternehmen stark beeinflussen und zur Beschleunigung der Globalisierung führten. Seit der Entwicklung von IuK hat sich die Informationsgeschwindigkeit und Datenspeichermenge kontinuierlich gesteigert.[4]

Aufgrund der Vielfältigkeit dieser Veränderungen durch die Digitalisierung, sind auch die jeweiligen Anwendungs- und Systemlandschaften von Unternehmen betroffen, zu denen u. a. ERP-Systeme gehören. ERP-Systeme unterstützen dabei die betriebswirtschaftlichen Geschäftsprozesse und Abläufe entlang der gesamten Wertschöpfungskette eines Unternehmens. Mithilfe der ERP-Systeme sollen beispielsweise individuelle Kundenanforderungen bedient und Kostensenkungen erreicht werden.[5] Überwiegend sind ERP-Systeme funktionsorientiert aufgebaut und ihre Einzelfunktionen werden im Rahmen von Geschäftsprozessen genutzt. Das Prozessmanagement, auch als Business Process

---

[1] Vgl. *Locher* (2022), S. 11
[2] Vgl. *Urbach/Ahlemann* (2016), S. 11
[3] Vgl. *Hausladen* (2020), S. V
[4] Vgl. *Koch* (2022), S. 20-21
[5] Vgl. *Leyh/Wendt* (2018), S. 9

Management bezeichnet,[6] spielt hierbei eine wesentliche Rolle, da die Funktionen in einer bestimmten Reihenfolge und Voraussetzungen, die im Prozessablauf durch den Aufruf von verschiedenen Funktionen erzeugwerden, Anwendung finden.[7]

1.1 Business Process Management (BPM)

In der Fachliteratur werden die Begriffe Business Process Management, Geschäftsprozessmanagement synonym verwendet. Daher folgt zu Beginn, die Definition des Begriffs Business Process Management. Eine einheitliche Definition liefert die European Association of BPM (EABPM), die den Begriff Business Process Management (BPM) als eine Reihe von festgelegten Tätigkeiten, die durch den Menschen oder die Maschine ausgeführt werden, um ein oder mehrere Ziele zu erreichen, definiert. Schlussendlich geht es dabei, einen Kundenutzen zu schaffen und dadurch einen Mehrwert für das Unternehmen zu erreichen. Beim Business Process Management (BPM) handelt es sich um einen systematischen Ansatz, um automatisierte als auch nicht automatisierte Prozesse zu erfassen, auszuführen, zu gestalten, zu dokumentieren, zu überwachen, zu messen, und zu steuern, um die Unternehmensstrategie nachhaltig zu erreichen.[8]

Das Unternehmensprozessmanagement richtet alle Prozesse des Unternehmens und Prozessmanagementorganisation auf die Unternehmensstrategie und untereilt diese in das operative Prozessmanagement und strategische Prozessmanagement. Der Fokus in dieser Einsendeaufgabe und in der Aufgabe 1 liegt bei den Aufgaben des operativen Prozessmanagement, weshalb sich diesem gewidmet wird. Das strategische Prozessmanagement hat die Aufgabe, für die Sicherung der Erfolgspotenziale des Unternehmens zu sorgen. Der Fokus liegt dabei auf der Effektivität der Geschäftsprozesse und die Effizienz der Schnittstellen bei bereichs- und unternehmensübergreifenden Geschäftsprozessen. Im Gegensatz zum strategische Prozessmanagement, hat das operative Prozessmanagement die Aufgabe, sich auf das Management der Teil-Geschäftsprozesse und Detailprozesse zu konzentrieren. Außerdem ist das operative Prozessmanagement für die Erreichung der operativen Prozessleistung zuständig. Der Schwerpunkt liegt auf dem kontinuierlichen Verbesserungsprozess (KVP) und dem Lean Management.[9]

---

[6] Vgl. *Kargl* (2013), S. 15
[7] Vgl. *Kurbel* (2021), S.229
[8] Vgl. *Rücker/Freund* (2019), S 1
[9] Vgl. *Hanschke/Lorenz* (2021), S. 13-14

Für die Modellierung, Implementierung, Analyse, Reorganisation sowie die Dokumentation von Geschäftsprozessen hat sich in den vergangenen Jahrzehnten, eine beträchtliche Anzahl an unterschiedlichen Methoden und Werkzeugen entwickelt und erfolgreich am Markt etabliert. Durch diese Entwicklung, aber auch durch das Potential von IuK-Technologien, veränderten sich die Geschäftsprozesse und Anwendungen zur Kommunikation in den Unternehmen und zwischen den Kunden. Daraus bildeten sich das Business Process Management (BPM), Business Process Reengineering (BPR) und das Business Process Design (BPD), heraus.[10] Im Rahmen dieser Einsendeaufgabe wird der Fokus auf das Business Process Management (BPM) gelegt. Das Ziel eines Business Process Managements ist es, die Leistungsfähigkeit eines Unternehmens kontinuierlich und über alle Ebenen hinweg, zu verbessern. Demnach muss ebenfalls gewährleistet werden, dass die durch das BPM verbesserten Prozesse, einer kontinuierlichen Überprüfung und Weiterentwicklung unterliegen. Beim BPM handelt es sich nicht um eine eigenständige Technologie, weshalb die Verbesserung der Prozesse auch außerhalb stattfinden können. Das BPM übernimmt die zentrale Rolle, die Automatisierung von Aufgaben innerhalb eines Zweigs eines Geschäftsprozesses. Durch die Automatisierung und Überwachung soll dafür Sorge getragen werden, dass die verantwortlichen Führungskräfte entlastet werden, eine enorme Anzahl an Geschäftsprozessen zu überblicken und diese gleichzeitig effizienter zu gestalten.[11]

1.2 Business Process Managements Lebenszyklus

Im Zusammenhang mit dem Business Process Management werden in Unternehmen Abläufe beschrieben, dokumentiert, optimiert und es findet ein Monitoring statt. Um dieser komplexen Aufgabe gerecht zu werden, haben sich in den letzten Jahren diverse Lifecycle-Modelle zur leichten und strukturierten Darstellung etabliert. In der Literatur werden diese Lebenszyklen in vier, fünf oder auch sechs Phasen dargestellt, wobei alle Modelle einen Kreislauf darstellen, und den Gedanken einen kontinuierlichen Verbesserungsprozesses fokussieren.[12]

Nachfolgend wird der BPM-Lebenszyklus in sechs Phasen beschrieben:

---

[10] Vgl. *Schwarz/Neumann/Teich* (2018), S. 1
[11] Vgl. *Jost* (2009), S. 34-36
[12] Vgl. *Schwarz/Neumann/Teich* (2018), S. 32

- **Prozessidentifikaiton:**

  In der ersten Phase geht es darum, dass Geschäftsproblem zu identifizieren und zu betrachten. Das Ergebnis ist anschließend eine aktualisierte Prozessarchitektur, dass ein Gesamtbild der Prozesse einer Organisation und deren Beziehung darstellt. Die Prozessarchitektur soll dazu dienen, um Prozesse sowie Prozessgruppen auszuwählen, die in den nachgelagerten Phasen des Lebenszyklus genauer betrachtet werden.

- **Prozesserhebung:**

  In der zweiten Phase der Prozesserhebung wird der aktuelle Status des relevanten Prozesses betrachtet und dokumentiert sowie in Form eines oder mehrerer Istprozessmodelle. Die zweite Phase wird deshalb auch als Istprozessmodellierung bezeichnet.

- **Prozessanalyse:**

  Bei der dritten Phase werden die jeweiligen Probleme des Istprozess identifiziert, dokumentiert und nach Möglichkeit durch Prozesskennzahlen quantifiziert. Daraus resultiert eine strukturierte Liste von Problemen. Im Anschluss werden die identifizierten Probleme auf Grundlage der potenziellen Auswirkungen und des Lösungsaufwands kategorisiert und priorisiert.

- **Prozessverbesserung:**

  Das Ziel in der vierten Phase ist es, Verbesserungsmöglichkeiten für den Prozess zu identifizieren, die zu einer Lösung beitragen sollen, um die Zielwerte der definierten Prozesskennzahlen zu erreichen. In diesem Zusammenhang werden unterschiedliche Änderungsoptionen in Hinblick auf die Kennzahlen analysiert und miteinander gegenübergestellt. Die Prozessverbesserung und die Prozessanalyse gehen dabei Hand in Hand. Durch sogenannte Prozessanalysetechniken können die vorgeschlagenen Änderungsmöglichkeiten ausgewertet werden. Zusammenfassend lässt sich als Ergebnis ein Sollprozessmodell festhalten.

- **Prozessimplementierung:**

  In der vorletzten Phase findet die Vorbereitung und Durchführung der Änderungen statt, die einen wesentlichen Anteil daran haben, um den Istprozess abzulösen und den Sollprozesse einzuführen. Innerhalb der Prozessimplementierung werden zwei wesentliche Aspekte betrachtet. Zum einen handelt es sich um das organisationbezogene Änderungsmanagement und zum anderen um die Prozessautomatisierung. Beim Änderungsmanagement handelt es sich um die Aktivitäten, die benötigt werden, um die Arbeitsweise aller Prozessbeteiligten zu verändern. Die Prozessautomatisierung beschäftigt sich mit der Entwicklung und Bereitstellung von IT-Systemen, die den zukünftigen Prozess unterstützen sollen.

- **Prozessüberwachung:**

  In der letzten Phase wird der neugestaltete Prozess eingeführt und relevante Änderungsdaten erfasst sowie analysiert, um zu prüfen, wie gut der Prozess das Ziel erfüllt hat. Dabei werden sich wiederholende Fehler oder Abweichungen erkannt und Optimierungsmaßnahmen eingeleitet. Selbstverständlich können Probleme bei diesem oder zukünftigen Prozessen aufkommen, die eine erneute Durchführung des BPM-Lebenszyklus erforderlich machen.[13]

Der BPM-Lebenszyklus hilft Unternehmen dabei, die Wichtigkeit von Informationstechnologie für Geschäftsprozesse zu verstehen.[14]

Nachfolgend wird ein BPM-Lebenszyklus grafisch dargestellt:

---

[13] Vgl. *Dumas/La Rosa/Mendling/Reijers* (2021), S. 25-27
[14] Vgl. *Dumas/La Rosa/Mendling/Reijers* (2021), S. 27

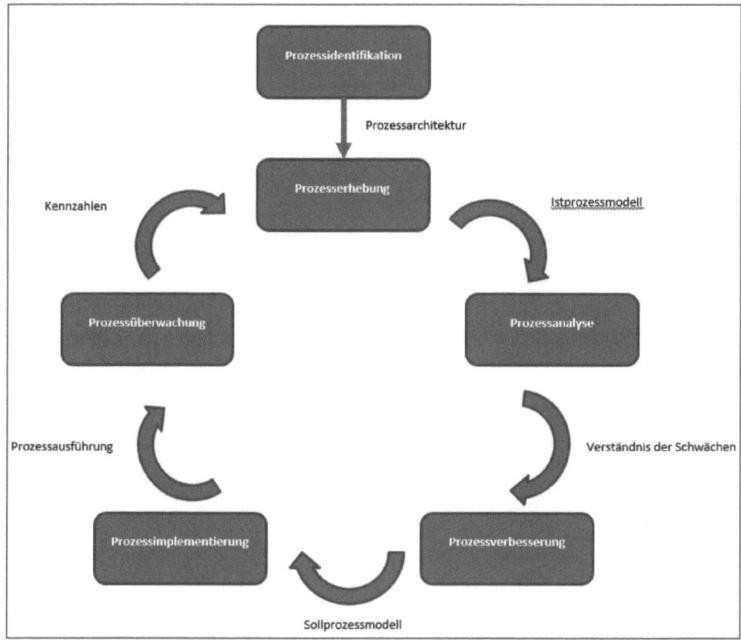

Abbildung 1: BPM-Lebenszyklus

(Quelle: Eigene Darstellung)

Im nächsten Schritt werden die fünf Kerntätigkeiten des operativen Prozessmanagements nach Becker, Kugeler und Rosemann[15], anhand eines diversifizierten Unternehmens vorgestellt und die Rolle des BPM´s als zentrale Organisationseinheit beschrieben. Bei dem diversifizierten Unternehmen handelt es sich um das Unternehmen Amazon. Anhand dieses Beispiels kann näher erläutert werden, wie das Business Process Management zur Diversifikation beiträgt. Das Unternehmen „Amazon" wurde 1994 von Jeff Bezos gegründet und beschäftigte sich zu Beginn mit dem Vertrieb von Büchern über das Internet. Heute gehört das Unternehmen zu den größten E-Commerce Plattformen der Welt und bewegt sich in den Sparten, Einzelhandel, Hardware, Logistik, Cloud, Auto, IT-Dienstleistungen etc…[16]

Die erste Aufgabe umfasst die **Modellierung und Dokumentation von Prozessen**. Das Unternehmen Amazon setzt auf den Lean-Management-Ansatz, um somit die Verschwendung von Prozessen zu reduzieren und die Effizienz zu steigern. Somit skizziert

---

[15] Vgl. *Becker/Kugeler/Rosemann* (2012), S. 115
[16] Vgl. Manager-Magazin (2020)

die Firma einen Ist-Prozess und spart aufgrund von Standardisierung Kosten ein. Im nächsten Schritt findet die **Analyse von Prozessen** statt. Amazon setzt als E-Commerce Gigant auf eine hohe Automatisierung, um seine Prozesse zu optimieren. Beispielhaft können hier die automatisierten Lagerhäuser genannt werden, indem Roboter die Kommissionierung von Produkten übernehmen. Für die Automatisierung der Prozesse werden Workflow System genutzt. Aufgrund des hohen Automatisierungsgrades können Mitarbeiter* innen entlastet werden und Prozesse vereinfacht werden, dies trägt dazu bei, dass die Ressource Mensch sich anderen Tätigkeiten widmet. Durch die Auswertung der Daten, können Schwachstellen analysiert und im nächsten Schritt, der **Gestaltung und Optimierung von Prozessen**, Maßnahmen zur Optimierung und Erreichung der operativen Zielsetzung ergriffen werden. Die neu gestalteten oder optimierten Prozesse fließen in die zentrale Prozesslandschaft ein und bilden den Soll-Prozess ab. Nachdem die Prozesse neu gestaltet oder optimiert wurden, findet im nächsten Schritt die **Implementierung und Integration von Prozessen** statt. Amazon setzt auf eine hohe Standardisierung seiner Prozesse, um damit sicherzustellen, dass diese über alle Geschäftsbereiche und Regionen hinweg konsistent ablaufen. Dadurch kann Amazon Prozesse schnelle skalieren und Fehler minimieren. Der fünfte und letzte Schritt beschreibt das **Monitoring / Überwachung der Prozesse**. Amazon hat Prozesskennzahlen definiert, die dazu dienen Prozesse zu überwachen und dafür sorgen, dass diese stabil laufen. Dadurch können frühzeitig Abweichungstrends identifiziert werden, um frühzeitig Gegenmaßnahmen einzuleiten. Auch legt Amazon hohen Wert auf die Schulung und Entwicklung seiner Mitarbeiter* innen, damit diese den Prozess verinnerlichen und dadurch Prozesse effektiv umgesetzt werden können.[17]

Zusammenfassend lässt sich festhalten, dass das operative Prozessmanagement bei Amazon darauf abzielt, eine Kultur der kontinuierlichen Verbesserung zu schaffen und die Effizienz in allen Bereichen des Unternehmens zu maximieren. Daher ist ein BPM als zentrale Organisationseinheit unausweichlich.

1.3 Einführung eines Business Process Managements

Im nächsten Schritt wird die Einführung eines BPMs auf Grundlage sich verändernder Rahmenbedingungen begründet. Das Business Process Management als Werkzeug wurde in der Vergangenheit nur selten, im Zuge sich verändernder Rahmenbedingungen, eingesetzt, da es viele Ressourcen verlangte und hohe Kosten für die Unternehmen

---

[17] Vgl. *Becker/Kugeler/Rosemann* (2012), S. 115

verursachte. Auch war der zeitliche Aufwand ausschlaggebend dafür, dass das BPM in nur seltenen Fällen eingesetzt wurde. In der heutigen Zeit jedoch, wachsen die Erfahrungen unter den Prozessbeteiligten durch die Anwendung der verfügbaren Geschäftsprozesse. Darüber hinaus werden heutzutage neue Ideen zur Prozessoptimierung entwickelt, mit der Erwartung das diese auch schnell umgesetzt werden. Verantwortlich für die Auswirkung dieser dynamischen Rahmenbedingungen ist die ständige und ausweichliche Alterung der definierten und dokumentierten Geschäftsprozesse in einer relativ kurzen Zeitspanne. Maßgeblich für die veränderten Rahmenbedingungen ist der digitale Wandel und die Erhöhung der Variantenvielfalt bedingt durch individuelle Kundenanforderungen. Ein BPM kann als zentrale Organisationseinheit Abhilfe schaffen und unterstützt dabei, Geschäftsprozesse effizient und effektiv zu gestalten, um den sich verändernden Anforderungen des Marktes gerecht zu werden.

Das Ziel der Unternehmen auf sich veränderte Rahmenbedingungen sollte sein, dass die Notwendigkeit und die Bedarfe geklärt sein sollten, um dadurch die Kosten eines BPM tragen zu können, dass dann wiederum über einen längeren Zeitraum die Geschäftsprozesse des Unternehmens begleitet, optimiert und effizient gestaltet. In der Literatur sehen Schwarz, Neumann und Teich die Chancen in der Minimierung des Analyse- und Modellierungsaufwandes für neue und reorganisierte Geschäftsprozesse im Rahmen des BPM. Dadurch kann ebenfalls die entsprechende Optimierung aller BPM-Aktivitäten und der damit einhergehenden Dokumentation eines Unternehmens auf einen aktuellen Stand gehalten werden.[18]

---

[18] Vgl. *Schwarz/Neumann/Teich* (2018), S. 2-3

2 Modelle zur Dokumentation von Prozessen

Jedes Unternehmen verfügt über Prozesse, diese werden durch ein Ereignis wie z. B. ein Dienstreiseantrag oder eine Kundenbestellung ausgelöst. Die Reaktion auf das abgestimmte und zielgerichtete Handeln auf ein solches Ereignis, wird in der Literatur als Prozess bezeichnet. Amazon tritt als Big Player auf dem Markt und brilliert mit seinen auf den kundenzentrierten Prozessen.[19] Prozesse werden mithilfe von Modellierungssprachen abgebildet und beschreiben, mit welchen Konzepten ein Ausschnitt der menschlich wahrgenommenen Realität beschrieben werden kann und in welcher Beziehung sie zueinanderstehen. Demnach bildet die Modellierungssprache die Grundlage und führt zu einem einheitlichen Vokabular und Grammatik, die dazu benötigt werden, um Sachverhalte des Menschen in Modellen abzubilden. Vor dem Einsatz einer bestimmten Modellierungssprache ist es wichtig zu wissen, für welchen Zweck das Modell überhaupt abgebildet werden soll. Diese Vorauswahl ist notwendig, da sie die Verwendbarkeit des Modells für unterschiedliche Zielgruppen beeinflusst. Die Modellierungssprachen kann sich einerseits an die Kommunikation menschlicher Akteure richten und andererseits an spezifischen Sachverhalten, die zur Aufbereitung von Modellen für die Verwendung in IT-Systemen liegt. Wichtig ist also bei der Auswahl einer geeigneten Modellierungssprache, dass die Zielsetzung klar definiert ist.[20]

In der Literatur findet sich eine Vielzahl an Modellen zur Dokumentation von Prozessen. Bei dieser Einsendeaufgabe liegt der Fokus auf der ereignisgesteuerten Prozesskette (EPK), erweiterten Ereignisgesteuerten Prozesskette(eEPK) sowie dem Business Process Model and Notation (BPMN) auf die im nächsten Schritt näher eingegangen wird.

2.1 Ereignisgesteuerte Prozesskette (EPK)

Geschäftsprozesse werden mithilfe von Modellierungswerkzeugen, wie der ereignisgesteuerten Prozesskette (EPK) dargestellt und dokumentiert. Die Ereignisse und Funktionen eines Unternehmens werden in Form von Grafiken dargestellt. Ein wesentliches

---

[19] Vgl. *Schmidt/Oppl/Stary/Fleischmann* (2018), S. 1-2
[20] Vgl. *Schmidt/Oppl/Stary/Fleischmann* (2018), S. 71-72

Merkmal für eine ereignisgesteuerte Prozesskette ist, dass es die Aktivitäten und Ereignisse innerhalb eines Geschäftsprozesses und ihre Beziehung zueinander aufzeigt.[21] Grundlegend werden die Geschäftsprozesse nach einem bestimmten Abbildungsprinzip dargestellt. Dabei wird eine Funktion immer durch ein Ereignis ausgelöst, um festzustellen, ob mit der Ausführung einer Funktion gestartet werden kann. Die ereignisgesteuerte Prozesskette ermöglicht parallel zu der Abbildung von Entscheidungen, auch die Abbildung von parallelen Abläufen im Rahmen eines Geschäftsprozesses. Um dies visuell abzubilden, stellen sich zusätzliche Nationalelemente zur Verfügung. Diese Nationalelemente orientieren sich an den Operatoren der Bool´schen Logik, dazu gehören UND-Konnektoren, die parallel ablaufenden Prozesszweige abbilden und XOR-Konnektoren, die Entscheidungen abbilden, bei denen eine Alternative ausgewählt werden muss. Des Weiteren gibt es auch ODER-Konnektoren, diese können Prozesse abbilden, bei denen eine oder mehrere Alternativen ausgewählt werden können. Neben Funktionen werden auch Ereignisse im Rahmen eines EPKs eingesetzt, dadurch kann ein Ablauf genauer spezifiziert werden. Dabei wird jede Funktion durch ein Ereignis ausgelöst und zeitgleich ein oder mehrere Ereignisse erzeugt. Ein Geschäftsprozess wird dargestellt, als eine Folge von Ereignissen und Funktionen, jedoch muss hier erwähnt werden, dass Ereignisse und Funktionen sich immer abwechseln. Funktionen beschreiben im Rahmen einer EPK einen Vorgang (Bsp. Antrag prüfen) und Ereignisse wiederum beschreiben den Zustand (Bsp. Antrag bestätigt). Wesentliches Merkmal einer EPK ist, dass es mit einem Ereignis beginnt und mit einem Ereignis endet. Prozesse werden von sogenannten Start-Ereignissen angestoßen und Ende-Ereignisse beschreiben den Abschluss eines Prozesses. Es ist möglich, dass Folgeprozesse durch Ende-Ereignisse ausgelöst werden können. Aufgrund der Vielfalt von Konnektoren ist eine Kombination mit Ereignissen unterschiedliche Ablaufvarianten eines Prozesses im Rahmen eines Modells modelliert werden, oder aber in parallelen Ausführungen von Funktionen dargestellt werden. Zum Schluss werden noch die UND-. ODER und XOR-Konnektoren beschrieben. Ein UND-Konnektor kann durch mehrere ausgehenden Verbindungen verwendet werden, wodurch alle ausgehenden Pfade parallel durchlaufen werden können. Im Anschluss werden diese wieder mit einer kausal nachgelagerten Stelle wieder mit einem UND-Konnektor verbunden. Ein ODER-Konnektor ist dadurch gekennzeichnet, dass ein oder mehrere Pfade parallel durchlaufen werden. Auch hier werden die Pfade zu einem späteren Zeitpunkt mit einer weiteren Stelle und einem ODER-Konnektor zusammengeführt. Wichtig beim ODER-Konnektor ist, dass diejenigen Pfade aktiviert werden, deren erste Ereignisse tatsächlich eingetreten sind. Der XOR-Konnektor beschreibt ein exklusives

---

[21] Vgl. *Gadatsch* (2020), S. 102

„Oder" bzw. „entweder, oder". Dieser ist dadurch gekennzeichnet, dass bei der Durchführung des Prozesses genau einer der nachfolgenden Pfade ausgewählt wird. Dieser
Konnektor eignet sich für die Abbildung voneinander ausschließenden Alternativen in
der Bearbeitung des Prozesses. Auch beim XOR-Konnektor ist wichtig, dass jener Pfad
aktiviert wird, dessen erstes Ereignis auch wirklich eingetreten ist.[22]

Die Basisnotation einer EPK wird in folgender Abbildung veranschaulicht:

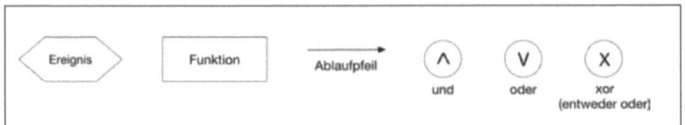

Abbildung 2: Nationalelemente von EPKs

(Quelle: Vgl. Schmidt/Oppl/Stary/Fleischmann (2018), S. 79)

2.2 Erweitere Ereignisgesteuerte Prozesskette (eEPK)

Bei der erweiterten Ereignisgesteuerten Prozesskette (eEPK) handelt es sich um eine
Erweiterung der Ereignisgesteuerten Prozesskette (EPK). Diese wurde um die National-
elementen „Organisatorische Einheit"; „Informationsobjekt"; „Anwendungssystem" und
den „Datenfluss" erweitert. Das Element „organisatorische Einheit" wird zur Beschrei-
bung der Prozessbeteiligten, Rollen, Stellen und Abteilungen oder externen Stakehol-
dern verwendet. Dieses Element wird durch ein Oval mit Text dargestellt. In der heutigen
Zeit wird das Element als farblich gestaltete Rechtecke dargestellt. Den Input- und Out-
put der vom Prozess verarbeiteten Informationen, bildete das „Informationsobjekt" ab.
Bei der Notation handelt es sich um eine einfaches Rechteck, dass auch noch aktuell
genutzt wird. Zur Darstellung der Informationsverarbeitungsunterstützung von Geschäftsprozessen kommt das „Anwendungssystem" zum Einsatz. Das Anwendungssystem wird als Rechteck mit verdoppelten Seitenkanten dargestellt. Auch wird das Anwendungssystem des Öfteren mit einem Computersymbol erweitert. Zur Verknüpfung von
Funktion und Informationsobjekt wird der Datenfluss eingesetzt. Der Datenfluss zeigt an,
ob eine Funktion Daten nutzt, diese veränderte oder erzeugt. Zur Darstellung wird ein

---

[22] Vgl. *Schmidt/Oppl/Stary/Fleischmann* (2018), S. 79-80

Pfeil verwendet. Ist der Pfeil auf die Funktion gerichtet, handelt es sich um die Verarbeitung (Eingabe) von Daten innerhalb der Funktion. Sollte der Pfeil wiederum weg von der Funktion gerichtet sein, meint dies, dass die Erzeugung der Daten von der Funktion ausgehen. In der Abbildung 3 lassen sich die unterschiedlichen Notationen in Kategorien unterteilen. Dazu gehören folgenden Kategorien:[23]

- **Ereignisknoten** (Darstellung von Ereignissen)
- **Aktivitätsknoten** (Darstellung von Aktivitäten)
- **Bedingungsknoten** (Darstellungen von Bedingungen, die über den weiteren Arbeitsablauf entscheiden)
- **Organisationsknoten** (Darstellung der beteiligten organisatorischen Einheiten)
- **Kontrollflusskante** (Darstellung der Reihenfolge der Aktivitäten)
- **Datenflusskante** (Darstellung von Input- und Output-Beziehungen zwischen Informationsobjekten und Funktionen)
- **Zuordnungsbeziehungskante** (Zuordnung der an einer Funktion beteiligten organisatorischen Einheiten)

Die Originalnotation und das komplette Begriffssystem wird als „erweiterte Ereignisgesteuerte Prozesskette (eEPK) nach Keller, Nüttgens und Scheer in Abbildung 3 veranschaulicht:[24]

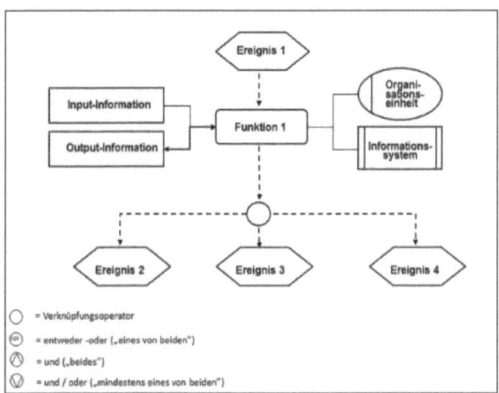

Abbildung 3: Modellierungselemente der eEPK

(Quelle: Vgl. Keller/Nüttgens und Scheer, (1992))

---

[23] Vgl. *Gadatsch* (2022), S. 29-30
[24] Vgl. *Gadatsch* (2022), S. 30

Die Modellierung der eEPK folgt den gleichen Regeln der EPK, weshalb auf diese nicht näher eingegangen wird.

2.3 Business Process Model and Notation (BPMN)

Eine weitere Methode zur Modellierung von Geschäftsprozessen bietet das Business Process Model and Notation (BPMN). In den vergangenen Jahren hat sich das Business Process Model and Notation zum Standard für die Modellierung von Prozessen auf einer breiten Basis durchsetzen können.[25] Das BPMN wird durch die meisten Tools zur Modellierung von Prozessen unterstützt, dies zeigt eine Marktanalyse.[26] Das BPMN wird als rein fachliche Prozessmodellierung und ausführungsnahen Modellierung genutzt. In der Praxis unterscheiden sich die fachlichen und technischen Modelle voneinander. Beim fachlichen Modell steht das Verständnis des Prozessablaufs im Fokus.[27] Der Grundaufbau der BPMN orientiert sich an Swimlane-Diagrammen. Dabei sind der BPMN sogenannte „Pools" (eigenständige Prozesse) und „Lanes" (Abteilungen, Verantwortungsbereiche) bekannt. Pools diesen dazu, Nachrichten auszutauschen, die einen Einfluss auf einen anderen Prozess haben. Deckungsgleich mit Swimlane-Diagrammen werden Start, Zwischen- und Endergebnis in einem BPMN in unterschiedlichen Varianten modelliert. Die Aufgaben eines Prozesses werden von den jeweiligen Aktivitäten repräsentiert. Neben Ereignissen werden auch Gateways im Rahmen einer BPMN verwendet die dazu dienen, mögliche Verzweigungen und Zusammenführungen von Prozessen und Pfaden darzustellen. Dadurch können gezielt Abläufe in einem Prozessmodell verfolgt werden. Pools und Lanes werden wie folgt abgebildet:[28]

---

[25] Vgl. *Allweyer* (2020), S. 10
[26] Vgl. *Lübbe/Schnägelberger* (2016)
[27] Vgl. *Allweyer* (2020), S. 13
[28] Vgl. *Gadatsch* (2022), S. 36

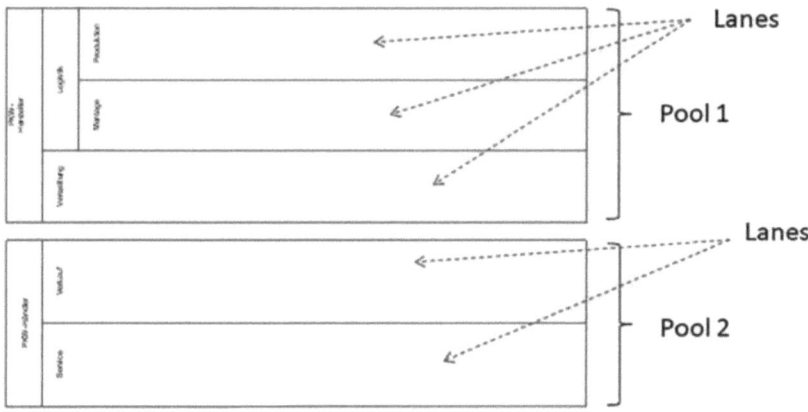

Abbildung 4: BPMN-Notation: Pools und Lanes

(Quelle: Vgl. Gadatsch (2022), S. 36)

Des Weiteren werden auch Exclusives Gateway (XOR-Gateway) verwendet, die dem XOR-Konnektor der eEPK-Methode entsprechen. Dabei wird ein Pfad aus einer Vielzahl an Möglichkeiten (Auswahl 1 aus n) für den weiteren Ablauf (SPLIT) bzw. Verzweigung aus mehreren Pfaden (JOIN) ausgewählt. Als weiteres Symbol wird ein paralleles Gateway zur Modellierung von Prozessen genutzt, dass dem UND-Konnektor (Auswahl n aus n) der eEPK-Methode gleicht. Hier wird in allen Pfaden der Vorgang fortgesetzt (SPLIT), oder auf alle eingehenden Pfadereignisse, bis zur Fortsetzung, gewartet (JOIN). Ein weiteres Symbol im Rahmen der BPMN bietet das Inclusives Gateway, auch ODER-Gateway bezeichnet. Dieses Symbol stellt den OR-Konnektor der EPK-Methode (Auswahl x aus n, x)1, …n) dar. Dabei werden ein oder mehrere Pfade ausgewählt.[29] Wenn die klassischen Gateways (XOR, AND, ODER) einen Sachverhalt nicht oder nur sehr kompliziert veranschaulichen können, kommt das „Komplexe Gateway" zum Einsatz. Dieses Symbol wird jedoch nur selten in der Praxis eingesetzt, da die technische Ausführung nur sehr schwer realisiert werden kann. Ein BPMN wurde zur Modellierung von Prozessen entwickelt, der Schwerpunkt liegt dabei auf dem Kontrollfluss und dem Nachrichtenfluss zwischen einer Vielzahl an Prozessschritten. Des Weiteren stellt das BPMN weitere Ausdrucksmöglichkeiten zur Datenmodellierung zur Verfügung. Dazu gehören der „Datenspeicher" sowie die „Datenobjekte".[30]

---

[29] Vgl. *Gadatsch* (2020), S. 130-132
[30] Vgl. *Gadatsch* (2022), S. 38

Die Basisnotation der BPMN nach White wird in folgender Abbildung veranschaulicht:[31]

Symbol	Benennung	Bedeutung
	Aktivität (atomar) Aktivität (mit Unter- prozessen)	Eine Aktivität (Activity) beschreibt einen Vorgang, der durch das Unternehmen ausgeführt wird. Sie kann atomar (task) oder zusammengesetzt sein, also Unterprozesse (subprocesses) enthalten.
	Start-Ereignis Zwischenereignis End-Ereignisse	Ereignisse (Events) sind Geschehnisse, die während eines Prozesses auftreten. Sie können auslösend sein oder das Ergebnis einer Aktivität. Es gibt drei grundlegende Typen (start, intermediate und end) und Spezialfälle.
	Entscheidung (Gateway)	Gateways sind Synchronisationspunkte im Prozessverlauf. Sie entscheiden über den weiteren Verlauf des Prozesses. Es gibt mehrere Gateway-Typen: XOR, OR, AND und Eventbasierte Entscheidung.
	Kontrollfluss (Sequence flow)	Der Kontrollfluss beschreibt den zeitlichen Ablauf der Aktivitäten im Prozess
	Nachrichtenfluss (Message flow)	Der Nachrichtenfluss beschreibt den Austausch von Nachrichten zwischen zwei Objekten (Aktivitäten, Ereignisse oder Entscheidungen).
	Verbindung (Association)	Die Verbindung zeigt an, dass Daten, Texte oder andere Objekte dem Kontrollfluss verbunden sind, z. B. Input oder Output einer Aktivität.
Name	Datenobjekt (Data Object)	Das Datenobjekt zeigt an, welche Informationen/Daten als Input benötigt bzw. Output einer Aktivität sind

Abbildung 5: Basisnotation der BPMN

(Quelle: Vgl. White 2010))

2.4 Abgrenzung der Modellierungsansätze

Nachdem die beiden Modelle EPK/eEPK sowie der BPMN vorgestellt wurden folgt im nächsten Schritt die Abgrenzung der Modellierungsansätze. Die EPK/eEPK-Methode wurde ursprünglich von der Scheer, Nüttgens und Keller entwickelt, um komplexe Prozesse zu beschreiben und damit eine Grundlage zur Kommunikation von Fachteilungen und IT-Abteilungen zu schaffen. Dieser Ansatz findet heute immer noch Einsatz. Die EPK/eEPK-Methode ist allerdings nur auf der fachlichen Ebene des Prozessmanagements beschränkt, da eine automatisierte Überführung in einen ausführbaren Workflow in der Praxis nicht anzutreffen sein wird.[32] Zu den Vorteilen einer EPK/eEPK zählen die vergleichsweise wenigen Symbole im Gegensatz zur BPMN-Methode. Wird dies

---

[31] Vgl. *White* (2010)
[32] Vgl. *Gadatsch* (2022), S. 32

EPK/eEPK für einen professionellen Einsatz benötigt, sind weitere Modellierungstools notwendig, die diese Methode nicht besitzt.

Die BPMN-Methode verfügt im Vergleich zur EPK/eEPK über eine bessere Anschaulichkeit und punktet mit ihren einfachen Grundsymbolen. Gerade für User, die noch keine Berührungspunkte mit dieser Methode hatten, finden schnell rein, da der Prozess verständlich dargestellt werden kann.[33] Außerdem handelt es sich bei der BPMN-Methode um eine weltweit standardisierte Methode, mit einen hohen Wiederkennungswert. Die Diagramme können aufgrund der Bekanntheit gelesen und interpretiert werden. Ein weiterer Vorteil der BPMN-Methode ist, dass die Basisnotation auf der Swimlane-Methode aufbauen, dies bedeutet, dass die Methode auch bei Verwendung von weniger Symbolen zur fachlichen Modellierung verwendet werden kann. Zu den Nachteilen der BPMN-Methode zählt, dass eine vollumfängliche Schulung erforderlich ist, da die Notationen und Regeln beim kompletten Einsatz sehr komplex sind. Aufgrund der Sprache, die nicht nur die fachliche, sondern auch die technische Modellierung umfasst, sind Modellierungstools auf jeden Fall erforderlich.

Schlussendlich kommt es darauf an, für welchen Zweck die jeweilige Methode eingesetzt werden soll. Organisationen, die die Software der Firma SAP AG verwenden, greifen überwiegend auf die eEPK-Notation bei der Prozessmodellierung zurück, da die SAP AG diese Methode sehr lange eingesetzt hat. Die EPK/eEPK Methode wird grundsätzlich zur Modellierung im Rahmen des fachlichen Prozessmanagements verwendet. Bei komplexeren Prozessen wiederum ist die BPMN-Methode vorteilhaft, da sie standardisiert ist und nicht die Dokumentation von Prozessen verfolgt, sondern auch von vielen Workflow-Management-Systemen unterstützt wird. Jedes Unternehmen sollte vor der Entscheidungsfindung eines Modellierungsansatzes, die Grundsätze ordnungsgemäßer Modellierung (GOM) beachten und sich dabei auch an der Zielgruppe orientieren.[34]

In der folgenden Abbildung werden die unterschiedlichen Modellierungsmethoden sowie ihre Notationen veranschaulicht und verglichen:[35]

---

[33] Vgl. *Krems* (2016)
[34] Vgl. *Gadatsch* (2022), S. 41-43
[35] Vgl. *Gadatsch* (2022), S. 42

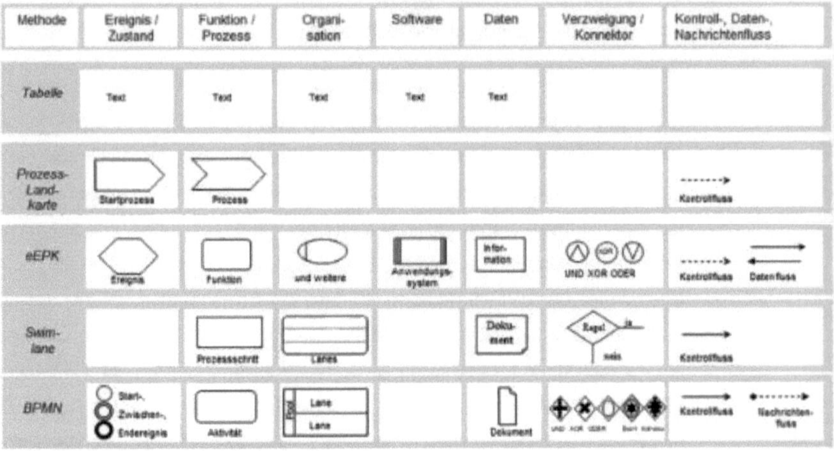

Methode	Ereignis / Zustand	Funktion / Prozess	Organi- sation	Software	Daten	Verzweigung / Konnektor	Kontroll-, Daten-, Nachrichtenfluss
Tabelle	Text	Text	Text	Text	Text		
Prozess- Land- karte	Startprozess	Prozess					Kontrollfluss
eEPK	Ereignis	Funktion	und weitere	Anwendungs- system	Infor- mation	UND XOR ODER	Kontrollfluss Datenfluss
Swim- lane		Prozessschritt	Lanes		Doku- ment	Regel ja / nein	Kontrollfluss
BPMN	Start-, Zwischen-, Endereignis	Aktivität	Pool Lane / Lane		Dokument	UND XOR ODER Ben. Abfrage	Kontrollfluss Nachrichten- fluss

Abbildung 6: Modellierungsmethoden im Vergleich

(Quelle: Vgl. Gadatsch (2022), S. 42)

3 Quote-to-Order Prozess (QTO)

Im letzten und dritten Kapitel wird der End-to-End Prozess „Quote-to-Order Prozess (QTO)" anhand eines Praxisbeispiels im Rahmen einer eEPK veranschaulicht und beschrieben. Bei einem End-to-End Prozess handelt es sich um einen kundenzentrierten Prozess. Durch die Auslösung durch den (Prozess)-Kunden beginnt der End-to-End Prozess und endet mit der Erfüllung des Kundenbedürfnisses.[36] Grundlage des Quote-to-Order Prozesses ist der Order-to-Cash Prozess. Der Order-to-Cash Prozess beschreibt den Prozess ausgehend des Auftragseingangs und endet mit dem Zahlungseingang durch den Kunden.[37]

Folgend wird der Quote-to-Order Prozess anhand eines Beispiels veranschaulicht:

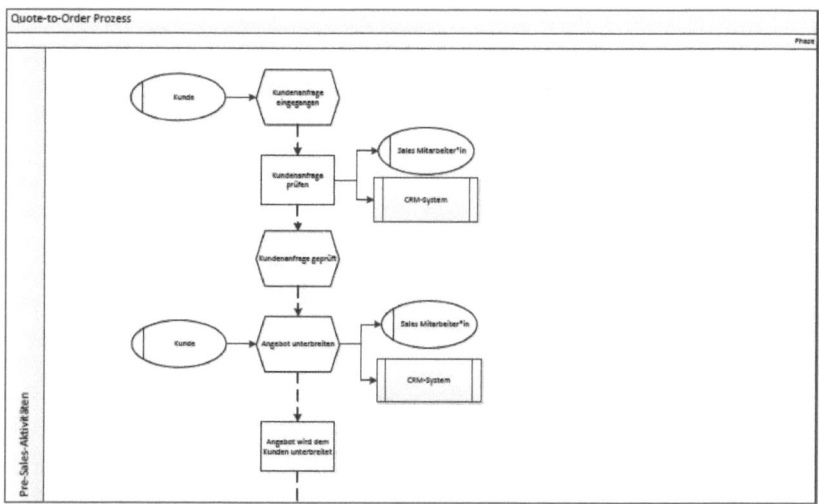

Abbildung 7: eEPK Praxisbeispiel Teil 1

(Quelle: Eigene Darstellung)

---

[36] Vgl. *Gadatsch* (2020), S. 15
[37] Vgl. *Daxböck/Gleich* (2014), S. 98

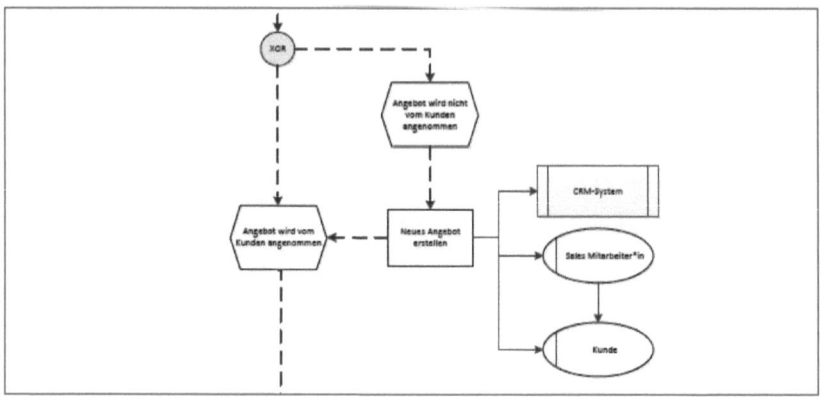

Abbildung 8: eEPK Praxisbeispiel Teil 2

(Quelle: Eigene Darstellung)

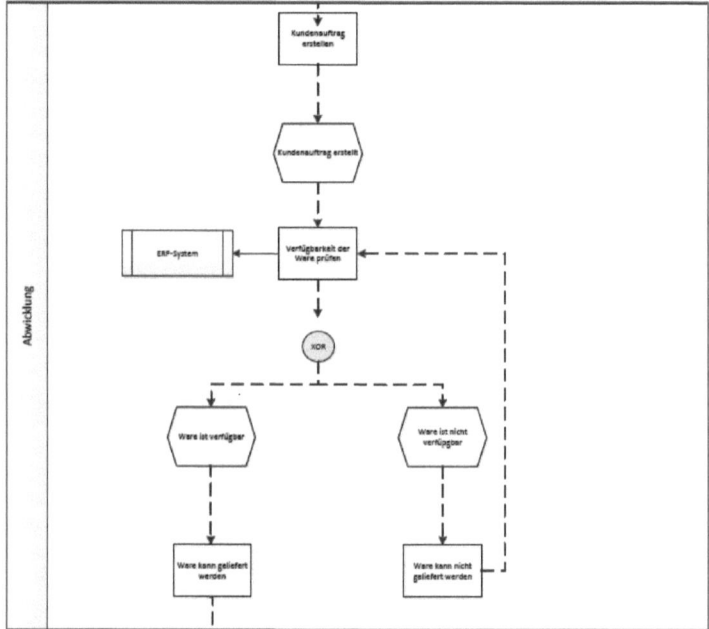

Abbildung 9: eEPK Praxisbeispiel Teil 3

(Quelle: Eigene Darstellung)

Abbildung 10: eEPK Praxisbeispiel Teil 4

(Quelle: Eigene Darstellung)

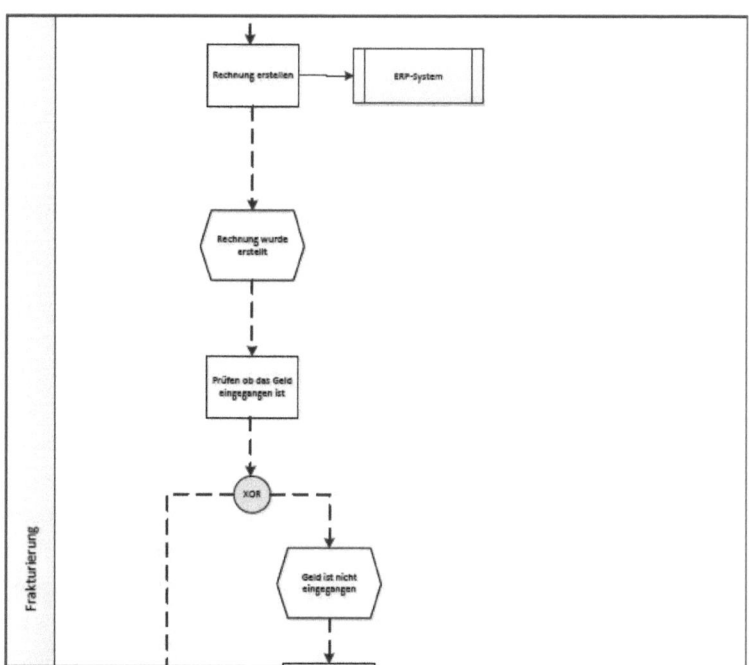

Abbildung 11: eEPK Praxisbeispiel Teil 5

(Quelle: Eigene Darstellung)

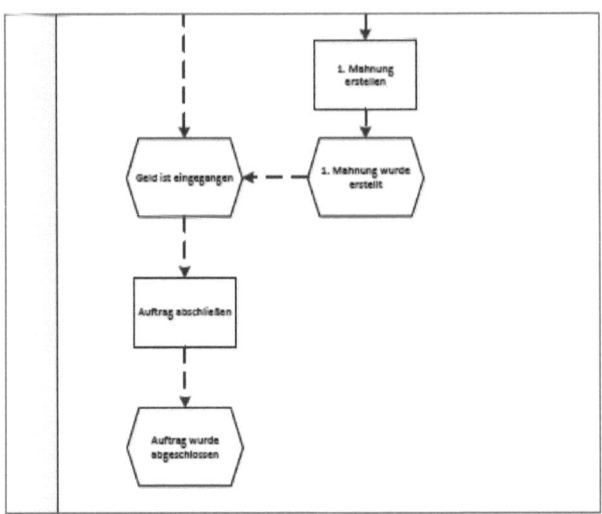

Abbildung 12: eEPK Praxisbeispiel Teil 6

(Quelle: Eigene Darstellung)

Der „Quote-to-Order" Prozess wurde anhand eines Praxisbeispiels von der Pre-Sales Aktivität bis hin zum Zahlungseingang im Rahmen einer eEPK und unter Verwendung der jeweiligen Notationselementen dargestellt. Der Prozess bildet einen kompletten Verkaufsprozess von der Anfrage des Kunden bis zum Verkaufsabschluss ab. Das Prozessmodell „Quote-to-Order" ermöglicht Unternehmen, ihre Vertriebsprozesse effektiv zu implementieren und sicherzustellen, dass alle Prozessschritte des Verkaufszyklus ineinandergreifen und zusammenarbeiten, um den Bedürfnissen der Kunde nachzukommen. Aufgrund der Optimierung des Vertriebsprozesses können Unternehmen ihre Verkaufszahlen steigern und gleichzeitig die Kundenzufriedenheit erhöhen.

3.1 CRM-System

Die Abkürzung CRM steht für Customer-Relation-Management und steht für die ganzheitliche Bearbeitung und Beziehung eines Unternehmen zu seinen Kunden. Das CRM-System hingegen bietet eine technologische Unterstützung, um die Ziele des Unternehmens und der Abteilung Marketing, Vertrieb und Kundenservice zu erreichen. Zusätzlich soll das CRM-System die Aufgaben des Kundenmanagements schneller und effizienter abwickeln. Die erfassten Daten und Informationen im CRM-System durch das Kunden-management ermöglichen, die Kundenbeziehung zielgerichtet und effektiv zu nutzen. Die wesentlichen Kernbereiche beziehen sich auf die Vereinfachung der täglichen Arbeit und zielen somit auf die Prozessoptimierung ab. Darüber hinaus liegt der Fokus auf einer schnellen und umfangreicheren Auswertung der Kundendaten sowie auf einer systema-tischen Datenintegration und Verteilung. Diese Informationsprozesse werden heutzu-tage im Rahmen von Workflow- oder auch Groupware Technologien, oder verstreuter Kundendatenbanken abgebildet.[38]

Die auf dem Markt angebotenen CRM-Systeme bieten eine Vielzahl an Funktionalitäten, welche auf vier Hauptzielrichtungen abzielen. Die Funktionalitäten aus allen Einsatzge-bieten von CRM können unterschieden werden, die auf eins dieser vier folgenden Sach-ziele abzielt oder mehrere verbinden:

- **Erstellung innovativer Leistungsangebote für den Kunden,**
- **Geschäftsprozessoptimierungen im Kundenmanagement,**
- **verbesserte Kundendatenanalyse,**
- **Unterstützung neuer Marketing-/Vertriebsinstrumente**

CRM-Systeme integrieren unterschiedliche Komponenten. Die Breite an Variationen im CRM-System ist sehr breit und dementsprechend auch sehr groß. Zu den Komponenten und Funktionalitäten gehören bspw. Kundendatenbanken, Workflow-Funktionalitäten und Data-Mining-Tools. Die Vielzahl an Funktionalitäten lassen sich in drei wesentliche Einsatzbereiche unterscheiden:

Operatives CRM:

Unter dem operativen CRM-Funktionalitäten fallen alle Anwendungen, die den direkten Kontakt mit dem Kunden supporten. Dabei steht die Optimierung der Geschäftsprozesse im Vordergrund. Hierbei ist es wichtig leistungsfähige Schnittstellen zwischen dem CRM-System und dem ERP-System zu schaffen.

Kollaboratives CRM:

Das kollaborative CRM umfasst die komplette Steuerung sowie Unterstützung und Syn-chronisation aller Kommunikationskanäle in Richtung Kunden (Telefon, E-Mail, Internet,

---

[38] Vgl. *Midderhoff* (2017), S. 7-10

Außendienst, Innendienst…). Der Einsatz zielt auf eine effiziente und effektive Kommunikation zwischen dem Kunden und dem Unternehmen.

Analytisches CRM:

Das analytische CRM ist für die Erhebung und Auswertung der Kundendaten verantwortlich. Die aus den Daten gewonnen Erkenntnisse sind kontinuierlich in der Ausgestaltung der Geschäftsprozesse im Hinblick auf den Kunden umzusetzen. Die systematische Grundlage für die Funktionalitäten im Rahmen des analytischen CRM bildet ein Data Warehouse.[39]

Die wesentlichen Funktionen eines CRM-Systems werden nachfolgend genannt und beschrieben:

Kontaktmanagement:

Beim Kontaktmanagement werden die Daten potenzieller Kunden von der Erstkontaktaufnahme bis hin zur Konvertierung erfasst sowie organisiert. Dabei kann es sich um Daten wie bspw. demographische Daten, transaktionale Daten etc… handeln.

Nachverfolgung:

Die unterschiedlichen am Vertriebsprozess beteiligten Bereiche haben Zugriff auf die Interaktion zwischen Kunde und Unternehmen, die gut nachzuvollziehen sind. Dies ermöglicht die Koordination und vermeidet, dass der Kunden dem Unternehmen immer wieder die gleichen Informationen zur Verfügung stellen muss.

Omnichannel-Strategie:

Durch diese Strategie können verschiedene Kommunikationskanäle mit dem Kunden integriert werden. Dadurch kann der Kundenservice schneller reagieren und schnelle Lösungen über den geeigneten Kanal anbieten.

Verwaltung des Verkaufstrichters:

Die Funktion bietet einen kompletten Überblick über den Verkaufstrichter, damit die Phasen verwaltet und verhindert werden können und der Prozess von potenziellen Kunden rechtzeitig abgebrochen werden kann.

---

[39] Vgl. *Midderhoff* (2017), S. 11-12

Dokumentenverwaltung:

Diese Funktion ermöglicht einen zentralisierten Zugriff auf relevante Dokumente in einem CRM. Dem Kunden wird dadurch eine flexiblere und positivere Erfahrung geboten.

Qualifizierung der Kunden oder Leads:

Aufgrund der guten Identifikation der Kunden von Unternehmen, können diverse Marketingaktionen zielgerichtet geplant und der Vertriebsprozess deutlich verbessert werden.

Automatisierung der Workflows:

Wiederholende Aufgaben im Rahmen des Verkaufsprozesses können mithilfe von Workflows automatisiert werden, um die jeweiligen Aktionen zu aktivieren. Darüber hinaus kann die Erinnerungsfunktion genutzt werden, um die Erledigung der anstehenden Aufgaben zu verfolgen.[40]

3.2 Vor- und Nachteile bei Auslagerung von Teilprozessen

Folgend werden jeweils zwei Vor- und Nachteile bei der Auslagerung von Teilprozessen in ein CRM-System aufgeführt:

Vorteile:

1. **Verbesserung der Kundenbeziehung:**
   Aufgrund der Integration von Kundeninformationen in ein CRM-System ermöglicht es Unternehmen ihre Kunden besser zu analysieren und personalisierte Marketing- und Vertriebsstrategien entwickeln.

2. **Effizienzsteigerung:**
   Prozesse können vereinfacht und automatisiert werden, da ein CRM-System auf die Bedürfnisse des Vertriebs- und Marketing-Teams zugeschnitten werden kann.

---

[40] Vgl. Zendesk (2021)

Nachteile:

1. **Datenredundanz:**

   Durch die Abstimmung und Synchronisation der Daten sowie Informationen zwischen ERP- und CRM-Systemen, kann es zu Schwierigkeiten kommen, die zu einer Datenredundanz führen kann.

2. **Komplexität:**

   Aufgrund der Komplexität durch die Integration von ERP- und CRM-System kann es die Einarbeitung und Schulung der Mitarbeiter: innen erschweren.

Literaturverzeichnis

Allweyer, T. (2020). BPMN 2.0 - Business Process Model and Notation: Einführung in den Standard für die Geschäftsprozessmodellierung. Deutschland: BoD – Books on Demand.

Becker, J., Kugeler, M. & Rosemann, M (Hsrg.). (2012). Prozessmanagement. Ein Leitfaden zur prozessorientierten Organisationsgestaltung (siebte, korrigierte und erweiterte Auflage). Berlin: Springer Gabler.

Daxböck, C., Gleich, R. (2014). Supply-Chain- und Logistikcontrolling: Instrumente, Kennzahlen, Best Practices. Deutschland: Haufe Lexware.

Dumas, M, La Rosa, M, Mendling, J., Reihers, H, (2021). Grundlagen des Geschäftsprozessmanagements. Springer Vieweg Berlin, Heidelberg.

Freund, J., Rücker, B. (2019). Praxishandbuch BPMN: Mit Einführung in DMN. Deutschland: Carl Hanser Verlag GmbH & Company KG.

Gadatsch, A. (2020). Grundkurs Geschäftsprozess-Management: Analyse, Modellierung, Optimierung und Controlling von Prozessen. Springer Vieweg Wiesbaden.

Gadatsch, A. (2022). Geschäftsprozesse analysieren und optimieren. Praxistools zur Analyse, Optimierung und Controlling von Arbeitsabläufen. Springer Vieweg Wiesbaden.

Hanschke, I., Lorenz, R. (2021). Strategisches Prozessmanagement - einfach und effektiv: Ein praktischer Leitfaden. Deutschland: Carl Hanser Verlag GmbH & Company KG.

Hausladen, I. (2020). IT-gestützte Logistik: Systeme – Prozesse – Anwendungen. Springer Gabler Wiesbaden.

Jost, W. (2009). Das B steht vor dem P – Business Process Management heute. Wirtsch Inform Manag 1, 34-39).

Kargl, U. (2013). Change Management im Business Process Management: BPM initiierte Veränderungsprozesse. Deutschland: Diplomica Verlag.

Keller, G., Nüttgens, M., Scheer, A.-W (1992). Semantische Prozessmodellierung auf der Grundlage Ereignisgesteuerter Prozessketten (EPK). In: Scheer, A.-W.

(Hrsg.) Veröffentlichungen des Instituts für Wirtschaftsinformatik, Heft 89. Saarbrücken.

Koch, E. (2022). Globalisierung: Wirtschaft und Politik: Chancen – Risiken – Antworten. Springer Gabler Wiesbaden.

Kurbel, K. (2021). ERP und SCM: Enterprise Resource Planning und Supply Chain Management in der Industrie. Österreich: De Gruyter.

Locher, C. (2022). Digitale Transformation. In: Fend, L., Hofmann, J. (eds) Digitalisierung in Industrie-, Handels- und Dienstleistungsunternehmen. Springer Gabler, Wiesbaden.

Lübbe A, Schnägelberger S. (2016) BPM Toolmarktmonitor 2016. Marktübersicht zu BPM Software für Design & Analyse von Geschäftsprozessen. BPM&O, Köln.

Midderhoff, S. (2017). CRM in der Praxis – die Auswahl des passenden CRM ist gar nicht so einfach. In: Helmke, S., Uebel, M., Dangelmaier, W. (eds) Effektives Customer Relationship Management. Springer Gabler, Wiesbaden.

Schmidt, W., Oppl, S., Stary, C., Fleischmann, A. (2018). Ganzheitliche Digitalisierung von Prozessen: Perspektivenwechsel – Design Thinking – Wertegeleitete Interaktion. Deutschland: Springer Fachmedien Wiesbaden.

Schwarz, L., Neumann, T., Teich, T. (2018). Praxisbeispiel für das Business Process Management. In: Geschäftsprozesse praxisorientiert modellieren. Springer Gabler, Berlin, Heidelberg.

Urbach, N., Ahlemann, F. (2016). IT-Management im Zeitalter der Digitalisierung: Auf dem Weg zur IT-Organisation der Zukunft. Springer Gabler Berlin, Heidelberg.

Internetquellen

Krems, B (2022). Business Process Model and Notation (BPMN), Online-Verwaltungslexikon, Version 1.2, verfügbar unter: http://www.olev.de/b/bpmn.htm, abgerufen am 22.02.2023

Manager-Magazin (2020): Die Wiedergeburt der Diversifikation: verfügbar unter: https://www.manager-magazin.de/harvard/strategie/diversifikation-als-wachstumsstrategie-a-00000000-0002-0001-0000-000130747582, abgerufen am 12.02.2023.

White, S. A. (2010): Introduction to BPMN: verfügbar unter: https://www.omg.org/spec/BPMN/2.0/PDF, abgerufen am 21.02.2023.

Zendesk.de (2021): Lernen Sie die wichtigsten CRM-Funktionen kennen und welche Vorteile diese Ihrem Unternehmen bieten, verfügbar unter: https://www.zendesk.de/blog/crm-features/, abgerufen am 28.02.2023